CONGRÈS DE L'ORGANISATION COLONIALE

Section d'Administration et de Législation Coloniales

PARTICIPATION ÉLARGIE DES COLONS EUROPÉENS ET DES INDIGÈNES

A LA CONFECTION DES RÈGLEMENTS LOCAUX

RAPPORT

Présenté par M. DELAFOSSE

Gouverneur honoraire des Colonies, professeur à l'École Coloniale
et à l'École Nationale des Langues Orientales vivantes
Membre du Conseil supérieur des Colonies (Section de Législation).

MARSEILLE

TYPOGRAPHIE ET LITHOGRAPHIE BARLATIER

17-19, Rue Venture, 17-19

1922

Section d'Administration et de Législation Coloniales

PARTICIPATION ÉLARGIE DES COLONS EUROPÉENS ET DES INDIGÈNES

A LA CONFECTION DES RÈGLEMENTS LOCAUX

RAPPORT

Présenté par M. DELAFOSSE

Gouverneur honoraire des Colonies, professeur à l'École Coloniale
et à l'École Nationale des Langues Orientales vivantes
Membre du Conseil supérieur des Colonies (Section de Législation).

MARSEILLE

TYPOGRAPHIE ET LITHOGRAPHIE BARLATIER

17-19, Rue Venture, 17-19

1922

Section d'Administration et de Législation Coloniales

PARTICIPATION ÉLARGIE DES COLONS EUROPÉENS ET DES INDIGÈNES

A LA CONFECTION DES RÈGLEMENTS LOCAUX

RAPPORT D'ENSEMBLE

REMARQUES PRELIMINAIRES

La participation des colonies à la vie législative de l'ensemble du domaine national, par leur représentation au sein du Parlement, est une question. La participation des habitants d'une colonie à la vie administrative de cette colonie, par leur représentation au sein d'une ou de plusieurs assemblées soit consultatives, soit délibérantes, en est une autre. C'est de cette seconde question seulement qu'il sera traité ici.

En fait, pour ce qui est des colonies françaises, la participation des colons et des indigènes est actuellement assurée presque partout, mais, presque partout aussi, elle ne l'est que dans une mesure restreinte : d'une part, parce que le nombre des représentants des colons au sein des assemblées (Conseils d'administration, Conseil colonial du Sénégal et de la Cochinchine, Conseils de Gouvernement) est en général minime — exception faite bien entendu des colonies à Conseil général normal — et le nombre des représentants de la population indigène plus minime encore ; d'autre part, parce que les assemblées susvisées n'ont, sous réserve des mêmes exceptions, la plupart du temps, que des pouvoirs consultatifs.

Il s'agit d'examiner s'il convient d'élargir cette participation et, dans l'affirmative, dans quelles conditions et selon quelles méthodes elle peut être élargie.

On peut considérer le premier point comme acquis sans discussion. Personne, aujourd'hui, ne conteste la nécessité d'une participation réelle, effective et efficace des colons et des indigènes à la réglementation administrative du territoire où sont installés ces colons et qui est la patrie propre de ces indigènes. En droit, une telle participation ne saurait être refusée ni aux uns ni aux autres sans qu'il en résulte une flagrante injustice ; en fait, l'absence de cette participation irait contre l'intérêt des colons et des indigènes, c'est-à-dire contre l'intérêt de la Métropole. Il semble que l'on ait affaire là à un axiome qui se passe de démonstration.

Le principe se trouvant incontesté, c'est seulement sur les conditions et les moyens de réalisation qu'il peut exister des divergences d'opinion.

Dans le but de limiter le champ dans lequel peuvent se produire ces divergences, il convient de déterminer tout d'abord les règles qui doivent former la base de tout système viable et fécond et dont on ne saurait s'écarter sans risquer de verser dans le domaine des vaines expériences ou des aventures dangereuses.

RÈGLES GÉNÉRALES A OBSERVER

1° En premier lieu s'impose la nécessité absolue de faire varier le degré et le mode de participation selon les lieux et selon les temps.

L'empire colonial de la France est tellement vaste et tellement divers, tant au point de vue de la façon dont il est exploité par nos nationaux qu'à celui des coutumes, des genres de vie et du degré d'évolution des populations indigènes, qu'il serait fou de vouloir appliquer à toutes les parties de cet empire les mêmes méthodes.

Il faut donc un système extrêmement souple, qui puisse s'adapter aux circonstances de chaque pays et évoluer au fur et à mesure de l'évolution de ce pays. Et, par « évolution », il convient d'entendre ici à la fois le développement de la colonisation européenne et le progrès de la société indigène.

Par suite apparaît le danger d'une loi qui prétendrait instituer une fois pour toutes un système applicable dans son intégrité à toutes les colonies. Ce qui peut convenir aujourd'hui à l'Annam, par exemple, ne conviendra peut-être jamais à la Côte d'Ivoire ; ce qui convient aujourd'hui à la colonie du

Tchad ne conviendra peut-être que dans un siècle à la colonie du Gabon, bien que ces deux possessions relèvent du même Gouvernement Général.

2° En ce qui concerne les Européens, il y a lieu de tenir compte de ce que les circonstances sont très différentes aux colonies de ce qu'elles sont dans la Métropole.

Assurément, rien ne s'oppose en principe à ce que les grandes lignes suivies dans la Métropole pour la représentation des citoyens dans les assemblées délibérantes le soient également aux colonies. Toutefois, il faut avoir soin de ne pas oublier qu'en France, les fonctionnaires, quelque nombreux qu'ils soient, constituent une minorité noyée dans la masse, minorité dont les intérêts généraux se confondent d'ailleurs avec ceux de la majorité, parfois écrasante, dont les intérêts se confondent rarement avec ceux des colons.

Aussi le principe de l'élection des représentants au suffrage universel, non discutable en France, pourrait, appliqué aux colonies, avoir des conséquences contraires au but qu'il est destiné à atteindre.

3° En ce qui concerne les indigènes, il convient que le système adopté s'écarte le moins possible des coutumes traditionnelles antérieures à notre intervention.

C'est une vérité aujourd'hui reconnue et proclamée par toutes les puissances colonisatrices que les coutumes indigènes doivent être respectées dans la plus large mesure compatible avec le maintien de la suzeraineté de la puissance protectrice et avec les possibilités de progrès de la civilisation.

Il ne faut donc innover qu'avec la plus extrême prudence et, lorsque des institutions indigènes locales existent qui, de près ou de loin, concourent au but que nous poursuivons, il est nécessaire de ne point les ignorer, d'en étudier avec attention la nature et le fonctionnement et de les utiliser au mieux de l'intérêt commun. En conséquence, partout où fonctionnent des assemblées indigènes qui, dans les Etats indigènes — quelque modestes ou primitifs que soient ceux-ci — jouent le rôle de conseils représentatifs, il faut faire de ces assemblées la base de la participation des indigènes envisagée ici.

4° La participation des colons et des indigènes doit s'exercer, dans chaque colonie, à des degrés divers.

De même que, dans tous les pays de civilisation européenne, il existe des degrés divers d'assemblées représentatives, selon une sorte d'échelle hiérarchique et surtout selon la nature et l'étendue des intérêts en cause (par exemple, en France, des Conseils municipaux, des Conseils d'arrondissement, des Conseils généraux, un Parlement national), de même il faut prévoir aux colonies divers degrés de représentation des colons et des indigènes, selon qu'il s'agit de confectionner des règlements applicables seulement dans les limites d'une circonscription administrative (district, subdivision, cercle, province, etc.) cu de traiter de matières intéressant spécialement cette circonscription, ou bien de confectionner des règlements généraux ou de traiter de matières présentant un intérêt général.

La présence d'un nombre plus ou moins considérable de délégués des colons et des indigènes au sein d'un Conseil de Gouvernement Général ou d'un Conseil d'administration de colonie ne saurait suffire. Il convient que tout administrateur de cercle ou de province, tout au moins, soit assisté d'une assemblée représentative aussi bien que tout Gouverneur ou Gouverneur Général. Dans plusieurs colonies, même, c'est là la partie la plus importante du problème à résoudre.

5° *Il est essentiel que les intérêts en cause soient représentés effectivement.*

En d'autres termes, il faut que les colons soient représentés par des colons ayant leur confiance, qualifiés pour parler en leur nom et connaissant bien les intérêts qu'ils ont mission de défendre. De même, il faut que les représentants des indigènes soient de véritables indigènes, appartenant au même milieu et à la même civilisation que la masse de la population, et non des indigènes européanisés qui vivent en marge de la société indigène, ne connaissant plus ses besoins ni ses aspirations et n'ont, par suite, aucune qualité pour parler en son nom ; il faut de plus que, dans des sociétés archaïques et féodales comme sont la plupart des sociétés africaines et asiatiques, les représentants appartiennent à une classe supérieure ou réputée telle : il y a là une nécessité de fait, sinon de droit, dont il serait extrêmement périlleux de ne point tenir compte ; ni les indigènes, ni nous-mêmes n'avons intérêt à ce qu'une révolution sociale soit substituée à la lente et normale évolution par laquelle ont passé tous les peuples du monde ; nous avons, il est vrai, fait notre révolution en 1789, mais de longs siècles d'évolution l'avaient préparée et, de plus, c'est nous-mêmes qui l'avons faite, elle ne nous nous a pas été imposée par d'autres, et c'est là une circonstance qui doit nous servir d'enseignement.

6° Il est essentiel aussi que la participation soit efficace.

Si nous n'arrivons qu'à satisfaire l'opinion métropolitaine et son sentimentalisme un peu puéril en introduisant au sein d'assemblées des colons qui parleront sans trouver d'écho et des indigènes qui joueront un rôle muet, nous aurons fait œuvre stérile et même mauvaise et la franche application d'une dictature absolue serait encore préférable à une telle hypocrisie.

Il est assurément impossible à l'heure actuelle de songer à transformer n'importe laquelle des colonies françaises en un Etat autonome analogue au Dominion du Canada ou au Commonwealth Australien. Il est même nécessaire que, dans la plupart des cas, les pouvoirs délibératifs accordés aux assemblées locales soient, pendant longtemps encore, très restreints. Beaucoup de ces assemblées ne pourront avoir que voix consultative.

Mais ceci n'est pas un obstacle à l'efficacité de la participation des colons et des indigènes. En ce domaine, l'esprit dans lequel est appliquée une réforme vaut plus et mieux que la lettre des textes qui l'ont instituée. Une assemblée n'émet que des avis ou ne formule que des vœux : son rôle sera immense et fécond si l'autorité supérieure se fait une loi de tenir compte de ces avis et de réaliser ces vœux dans la mesure où elle le peut.

C'est une telle loi qu'il convient, non d'inscrire dans un code, ce qui n'offrirait pas de garanties bien sérieuses, mais d'imprimer fortement dans l'esprit de notre administration coloniale.

7° Il est non moins essentiel de ne pas verser dans une stérile démagogie.

Nos colonies, même les plus anciennes, (il n'est pas question ici de celles, dites « vieilles colonies », qui ne sont peuplées que de citoyens français et qui, régies par des lois, sont administrées comme des départements métropolitains) nos colonies sont toutes des pays neufs, dans lesquels, par surcroît, l'élément européen se trouve numériquement perdu au milieu d'un élément indigène dont il dépend étroitement. Dans de telles conditions, l'on ne peut songer à instaurer aux colonies un système qui ne serait qu'une caricature de notre régime métropolitain et qui, de plus, conduirait rapidement à la ruine nos colonies et leurs habitants européens et indigènes.

Il est même tout à fait normal et justifié que les institutions dont nous devons doter nos colonies soient à un stade moins avancé, dans là voie démocratique, que nos propres institutions nationales. Appliquée à des pays comme l'Afrique Equatoriale ou l'Afrique Occidentale et même à des pays comme Madagascar ou l'Indochine, la démocratie dont la France est justement fière ne serait que de la démagogie. Laissons le temps et nos efforts faire en commun leur œuvre salutaire. Contentons-nous de débroussailler la voie qui mènera au progrès nos petits-neveux et les descendants des générations indigènes actuelles.

METHODE PRÉCONISÉE PAR LA PROPOSITION DE LOI DU 30 MAI 1922. — SA CRITIQUE

Une fois ainsi dégagées les principales règles auxquelles il est nécessaire de se conformer, voyons comment il est possible de réaliser, dans la pratique, la participation élargie des colons et des indigènes à la règlementation administrative locale, et commençons par examiner les suggestions déjà faites à ce sujet.

Une proposition de loi a été déposée le 30 mai 1922 sur le bureau de la Chambre dans le but d'assurer cette participation. Aux termes de cet acte, une assemblée dite « Haut Conseil Colonial » serait instituée dans chacun des quatre Gouvernements Généraux dépendant du Ministère des Colonies et dans chacune des trois colonies indépendantes actuellement dépourvues de conseil général. Ce Conseil se composerait de membres européens et indigènes élus, les premiers, par les citoyens français résidant dans la Colonie, les seconds, par les indigènes « sachant parler couramment le français ». Seraient éligibles, au titre européen, les citoyens français âgés de vingt-cinq ans, et, au titre indigène, les indigènes électeurs (c'est-à-dire sachant parler couramment le français) inscrits au rôle des patentes ou de l'impôt foncier, ainsi que tous les anciens officiers et anciens fonctionnaires indigènes bénéficiant d'une pension de retraite. Les fonctionnaires en activité, français ou indigènes, ne seraient pas éligibles.

Le conseil aurait pouvoir délibératif sur les questions relatives aux impôts, les emprunts, les plans de campagne des travaux publics, les comptes définitifs et, en général, sur toutes questions administratives dont il serait saisi par le tiers de ses membres ou par le chef de la Colonie. Le budget serait délibéré par le conseil et arrêté par le chef de la Colonie. D'ailleurs, toute délibération du conseil ne deviendrait exécutoire qu'après un arrêté du chef de la Colonie ; en cas de conflit, il y aurait recours au Ministre et possibilité d'une annulation de la délibération par décret. Toutefois, en ce qui concerne les dépenses facultatives, la délibération du conseil ne pourrait en aucun cas être modifiée.

Enfin la proposition de loi prévoit qu'un décret devra instituer des assemblées représentatives analogues au Maroc et en Tunisie.

Le principe posé par cette proposition de loi est excellent, mais elle-même n'est pas de nature à en assurer la bonne application.

Plusieurs critiques peuvent être à bon droit formulées à l'encontre de certaines de ces dispositions.

Elle stipule que les fonctionnaires français en activité ne seraient pas éligibles, mais elle admet implicitement qu'ils seraient électeurs. Comme ils forment en général la majorité par rapport aux colons, il s'ensuivrait que les membres européens du Conseil, destinés en principe à représenter les colons, seraient en réalité les délégués des fonctionnaires.

La désignation par le vote, conformément aux principes du suffrage direct, qui ne présente pas d'inconvénients et n'offre pas de difficultés insurmontables lorsque les électeurs sont des Européens, présenterait souvent beaucoup d'inconvénients — ainsi qu'il arrive au Sénégal lors des élections législatives ou autres — et offrirait des difficultés pratiques considérables, lorsque les électeurs seraient des indigènes en grande majorité illétrés. (Car, si la proposition de loi exige que les électeurs indigènes « sachent parler couramment le français », elle ne demande pas qu'ils sachent le lire ni l'écrire et ne pourrait d'ailleurs le demander sans réduire *ipso facto* presque à néant le nombre des électeurs). Comment serait-il possible de dresser la liste des indigènes sachant parler « couramment » le français? Sur quel critère se baserait-on pour prononcer qu'un homme parle couramment ou non le français? En admettant qu'on puisse le déterminer, comment, dans les très nombreuses localités, dont le recensement n'a pu être fait encore que numériquement, empêchera-t-on de voter les indigènes ne sachant pas parler français? Comment les illéttrés exprimeront-ils leurs votes et qui les recueillera et les transmettra ? De telles élections, dans des colonies telles que celles de l'Afrique Occidentale ou Equatoriale, seraient une pure comédie, lorsqu'elles ne dégénéreraient pas en tragédie.

De plus, là où les indigènes sachant parler couramment le français ne sont qu'une infime minorité, — c'est aujourd'hui et ce sera encore le cas dans la plupart des circonscriptions des colonies précitées et dans beaucoup de districts de Madagascar et de l'Indochine — il arriverait que la majorité de la population ne pourrait pas prendre part au vote, et, par conséquent, ne serait pas représentée en tout état de cause.

La double obligation, pour être éligible, de savoir parler français et d'être inscrit au rôle des patentes ou de l'impôt foncier écarterait d'emblée la plupart des indigènes qui sont réellement qualifiés pour représenter leurs compatriotes : ces indigènes, en effet, dans beaucoup de parties de notre domaine colonial, ne connaissent pas notre langue et surtout ne sont inscrits ni au rôle des patentes, attendu qu'ils ne se livrent pas au commerce, ni à celui de l'impôt foncier, attendu que cet impôt n'existe pas. Voici deux exemples typiques : le cheikh Sidia, qui est un esprit vraiment supérieur et qui jouit de la confiance unanime de tous les indigènes de Mauritanie, ne serait pas éligible parce qu'il ne parle pas couramment le français et que, par surcroît, il ne paie point patente et n'est pas astreint à l'impôt foncier ; pour le premier de ces motifs, il ne serait même pas électeur. Au Sénégal, Bouna Ndiaye, Chef Supérieur du Djlef, dont tout le monde a admiré la simple et forte éloquence lors des visites des chefs africains au champ de bataille de Longpont et à la tombe du soldat inconnu, Bouna Ndiaye, qui parle fort élégamment le français serait électeur ; mais il ne serait pas éligible, attendu que lui non plus ne paie ni patente ni impôt foncier et que, pas plus que le cheikh Sadia, il n'est ancien officier ni fonctionnaire retraité. En fait, seraient seuls éligibles, dans maintes circonscriptions, les petits boutiquiers et les spéculateurs en terrains des grands centres ; qui appartiennent rarement à l'élément recommandable de la société indigène et qui, pourtant, auraient seuls mission de représenter les intérêts et les aspirations de cette société tout entière.

Dans certaines de nos colonies, les membres indigènes du conseil, ainsi recrutés, seraient-ils aptes à délibérer sur des questions d'emprunt, de travaux publics, de dépenses obliga-

toires ou facultatives, etc ? C'est bien douteux, et il est à présumer qu'ils joueraient un rôle muet et que leur présence au sein du conseil n'aurait d'autre effet que de donner à l'opinion métropolitaine cette hypocrite satisfaction à laquelle il a été fait allusion plus haut.

Enfin, est-il admissible que les dépenses facultatives d'une colonie importante soient entièrement abandonnées au bon plaisir d'une assemblée élue dans de semblables conditions ? Or, pour la délibération relatives à cet ordre de dépenses, la proposition de loi ne prévoit même pas la possibilité d'une annulation par décret ni d'un recours au Conseil d'Etat.

D'autre part, — et c'est pourquoi il semble inutile d'insister plus longuement sur ces critiques de détail — le vice fondamental de la proposition de loi du 30 mai 1922 est de vouloir fixer un système uniforme de représentation pour toutes les colonies et de ne tenir compte ni des différences de situation au point de vue de la colonisation européenne ni des différences d'évolution au point de vue de la civilisation indigène, pas plus que de la variété des intérêts en cause.

Il n'est point mauvais cependant que cette proposition de loi ait été formulée, car elle a attiré l'attention sur la nécessité d'une réforme à entreprendre et il faut savoir gré à ses auteurs d'en avoir posé le principe. Mais il convient d'espérer que leurs collègues de la Chambre n'adopteront pas le texte qui leur a été soumis et qu'ils se contenteront de voter un article unique invitant le Gouvernement à assurer, dans le plus bref délai possible et dans toutes les colonies, la participation effective des colons et des indigènes à la confection des règlements locaux, selon les méthodes appropriées, dans chaque colonie, aux circonstances du moment. C'est là tout ce qu'il est possible en la matière, de demander à une loi et il serait dangereux qu'on lui fît dire autre chose.

Le Parlement peut, s'il le juge opportun, proclamer le principe de la participation et en imposer l'application mais il doit laisser aux départements ministériels intéressés le soin de déterminer, pour chaque cas d'espèce, le mode d'application dans ses grandes lignes. Pour le détail, il faudra, dans chaque colonie ou protectorat, un arrêté local spécial. Et, quand il est dit ici « chaque colonie », il convient d'entendre chaque colonie autonome proprement dite, et non point tel ou tel groupe de colonies formant gouvernement général; car la participation ne saurait être la même au Laos qu'au Cambodge, ni à la Guinée qu'à la Haute-Volta.

Donc aucune règlementation d'ensemble, mais autant de règlementations locales distinctes qu'il y a d'espèces distinctes, avec faculté de modifier ces règlementations lorsqu'elles auront vieilli et qu'une situation nouvelle exigera un mode nouveau d'application.

GRANDES LIGNES DES MÉTHODES A SUGGÉRER

A condition de demeurer dans les généralités, il est permis et il convient de se demander comment, dans une colonie donnée, il serait possible d'assurer raisonnablement la participation effective et efficace des colons et des indigènes à la confection des règlements locaux.

Evidemment, ce résultat sera obtenu par la présence, au sein d'assemblées concourant à l'élaboration de ces règlements, de représentants qualifiés des deux éléments, et par l'utilisation des avis ou opinions exprimés par ces représentants.

Mais quelles seront ces assemblées ? qui y aura accès ? Comment se fera la désignation de leurs membres ? Quelles matières seront de leur compétence ? Quelle sera la limite de leurs pouvoirs ? Autant de questions de première importance auxquelles il est impossible de répondre sans savoir au préalable de quelle colonie il s'agit. Pour la même colonie du reste, la réponse qui s'impose aujourd'hui ne sera plus de mise dans vingt ans, peut-être dans dix, peut-être dans moins encore.

Nous ne saurions donc suggérer ici que des modalités tout-à-fait générales et répondant, pour l'ensemble de notre domaine colonial aux circonstances du moment présent.

Il semble tout d'abord que l'on doive prévoir une série d'assemblées représentatives qui, du petit au grand, pourraient être, par exemple, dans un groupe formant gouvernement général, un conseil de circonscription siégeant auprès de chaque administrateur, un conseil de colonie siégeant auprès de chaque gouverneur, un conseil de gouvernement général siégeant auprès de chaque gouverneur général. Peut-être, dans certaines régions, y aurait-il intérêt à introduire un échelon de plus, sous forme d'un conseil de province, intermédiaire entre le conseil de circonscription et le conseil de colonie.

Aucune de ces Assemblées ne constituerait une innovation à proprement parler. Des conseils de circonscription et des conseils de province existent actuellement, sous d'autres dénominations, en Indochine, à Madagascar, en Afrique Occidentale, avec cette différence, que l'élément indigène est seul à y être représenté ; la principale modification consisterait donc à y introduire l'élément colon. Chaque colonie est pourvue d'un conseil d'administration et quelques-unes possèdent en plus une autre assemblée désignée tantôt sous le nom de conseil général, tantôt sous celui de conseil colonial ou de délégations financières ; il y aurait à fusionner les deux conseils, là où ils fonctionnent côte à côte, et à élargir la participation actuellement accordée aux colons et aux indigènes. De même pour le Conseil de Gouvernement général, qui ne serait qu'une transformation du conseil de gouvernement actuel.

La composition de chaque assemblée et le mode de désignation de ses membres devraient varier selon les pays, d'après l'état de développement politique, économique et intellectuel du pays. Il serait nécessaire que, dans la même colonie, tous les conseils de circonscription ou de province ne fussent pas bâtis sur le même modèle ni doués d'un fonctionnement identique.

En principe, chaque *conseil de circonscription* examinerait les questions qui intéressent directement et spécialement les colons et les indigènes de la circonscription. C'est là où il se trouve que plusieurs circonscriptions forment ensemble un tout, non sulement au point de vue administratif, mais également aux points de vue économique et ethnographique, qu'il y aurait lieu de prévoir, dans un but analogue, un *conseil de province*. L'un et l'autre ne joueraient que le rôle d'assemblée consultative, mais ils émettraient des avis et des vœux qui seraient obligatoirement transmis, par l'Administration ou le chef de province, au gouverneur, et communiqués par celui-ci au conseil de colonie ou, pour les matières qui sont du ressort du gouvernement général ou, au gouverneur général et, par celui-ci, au conseil du gouvernement général. Chaque fois que la chose ne présenterait pas d'inconvénients réels, il y aurait lieu d'autoriser le Conseil de circonscription et le Conseil de province à formuler des avis ou des vœux relativement à des matièrs dont l'examen résulterait de sa propre initiative.

Le nombre des membres européens et indigènes serait fixé, pour chaque Conseil de circonscription ou de province, par un arrêté du gouverneur. Les membres européens seraient élus par les colons français résidant dans la circonscription où la province. Par le mot « colon », il convient d'entendre ici, comme dans la suite du présent rapport, tout français non fonctionnaire, quelque profession qu'il exerce : commerçant, agriculteur, industriel, ouvrier, domestique, médecin établi à son compte, avocat, artiste, missionnaire, etc. On pourrait objecter qu'une maison de commerce ou une entreprise, disposant de beaucoup d'employés dans une circonscription ou une province donnée, serait parfois en mesure d'exercer une influence prépondérante lors de l'élection des membres européens : il peut être répondu à cela que l'importance même de cette maison ou entreprise justifierait suffisamment une telle influence ; il est normal que les intérêts prépondérants soient le plus fortement représentés, rien ne s'oppose d'ailleurs à ce que là où les circonstances l'exigeront ou simplement le permettront ; il soit fait application du principe de la représentation personnelle en vue de sauvegarder les droits des minorités, non plus politiques, mais économiques ou professionnelles.

La question est à discuter de savoir s'il ne conviendrait pas d'accorder aux colons étrangers le droit de déléguer un ou plusieurs représentants, qui n'auraient en tout cas et en toute matière que voix purement consultative et ne prendraient pas part aux votes du Conseil.

Les membres indigènes des Conseils de circonscription pourraient être désignés, conformément aux coutumes locales, et sans autre garantie à fournir que celle de n'avoir point subi de condamnation infamante par les assemblées de notables qui, dans presque tous les pays du monde, même chez les noirs réputés les plus primitifs, entourent et assistent les chefs de canton ou de tribu et qui représentent réellement la pensée et l'opinion de la masse éclairée et consciente des indigènes ; là où il existe, dans une même circonscription, un grand nombre de ces assemblées de notables, plusieurs pourraient concourir ensemble à la désignation d'un représentant commun, afin de ne pas risquer d'avoir un Conseil de circonscription comptant un chiffre exagéré de membres. Là où, par hasard, une telle institution n'existerait pas, il nous suffirait d'en susciter la création : tout le monde ne pourrait qu'y gagner. Peut-être, dans certains cas, y aurait-il avantage à faire désigner les membres indigènes, pendant quelque temps au moins, par l'autorité française, à condition d'entourer leur désignation des garanties nécessaires et d'éviter que le choix ne se porte sur des créatures de l'autorité locale ; il importe que, nulle part, les membres indigènes du Conseil ne soient d'anciens domestiques promus par la reconnaissance de leur patron au rang de représentant du peuple.

Les membres indigènes des Conseils de province pourraient être désignés par l'assemblée des notables de la province, là où fonctionne une telle institution. Dans des régions où il n'existe rien d'analogue, ils seraient désignés par les membres indigènes des divers Conseils de circonscription de la province, ce qui équivaudrait à une élection au second degré selon la coutume indigène ou au troisième degré selon nos propres conceptions.

Venons maintenant au *Conseil de colonie*. Ses attributions pourraient être analogues, d'une façon générale, à celles qui sont dévolues aujourd'hui au Conseil colonial du Sénégal ou aux délégations financières de Madagascar, c'est-à-dire consultetives en certaines matières, délibératives en d'autres, sauf recours au Ministre en cas de conflit avec le gouverneur et avec possibilité d'annulation par décret.

L'institution de chaque Conseil de colonie devrait faire l'objet d'un décret spécial, qui spécifierait les pouvoirs du Conseil et fixerait le nombre et le mode de désignation de ses membres, tant européens qu'indigènes.

Certains fonctionnaires, comprenant le secrétaire-général et les chefs de service, en feraient partie d'office. Leur nombre total ne devrait en aucun cas leur permettre de former à eux seuls la majorité. Il y aurait lieu aussi de prévoir un nombre suffisant de membres indigènes pour que l'élément qu'ils représentent puisse effectivement faire entendre sa voix, sans qu'il lui soit possible cependant de constituer à lui seul la majorité. Ces diverses préoccupations pourraient être satisfaites par l'affectation d'un tiers des sièges aux membres fonctionnaires, d'un tiers aux colons et d'un tiers aux indigènes. Au fur et à mesure du développement de la colonie, le nombre des colons et celui des indigènes seraient augmenté, le chiffre des membres fonctionnaires demeurant le même.

Les membres européens non fonctionnaires seraient élus par les citoyens français non fonctionnaires résidant dans la colonie.

Les membres indigènes seraient, soit désignés par le gouverneur parmi les membres indigènes des Conseils de circonscription (ou de province), soit désignés par les membres indigènes des Conseils de circonscription (ou de province) dans leur sein ou en dehors. Certains sièges pourraient aussi être réservés à la désignation du collège des chefs indigènes de la colonie.

Quant au *Conseil de gouvernement général*, il pourrait aussi se composer pour un tiers, de membres fonctionnaires — qui seraient naturellement les gouverneurs des diverses colonies du groupe, les chefs de service du gouvernement général et le contrôleur financier — pour un second tiers, de membres européens non fonctionnaires, et, pour le troisième tiers, de membres indigènes. Les membres européens non fonctionnaires et les membres indigènes seraient désignés dans leur sein par les Conseils de colonie du groupe.

Les attributions du Conseil du gouvernement général pourraient être à peu près celles des Conseils de gouvernement actuels, mais devraient comporter un pouvoir délibératif en certaines matières, sauf recours au ministre en cas de conflit avec le gouverneur général.

Ainsi compris, avec l'adaptation nécessaire aux circonstances et aux besoins du lieu et du temps et avec la faculté d'une extension progressive des pouvoirs délibératifs, un tel système assurerait réellement, semble-t-il, d'une manière aussi large qu'on le peut raisonnablement souhaiter, la participation des colons et des indigènes à la règlementation locale et au développement administratif, économique et financier de chaque colonie.

Il n'est peut-être pas inutile d'observer en terminant que, pour celles de nos possessions qui sont le plus arriérées aux divers points de vue, ce sont les modestes Conseils de circonscription ou de province dont le rôle sera, pour longtemps encore, le plus important et le plus fécond, parmi toutes les assemblées représentatives dont l'institution a été suggérée.

Marseille. — Imprimerie du *Sémaphore*, BARLATIER, rue Venture, 17-19.

Imprimerie
du ''Sémaphore''
Barlatier
17-19, rue Venture
Marseille